BEI GRIN MACHT SICH IHR WISSEN BEZAHLT

AF137225

- Wir veröffentlichen Ihre Hausarbeit, Bachelor- und Masterarbeit

- Ihr eigenes eBook und Buch - weltweit in allen wichtigen Shops

- Verdienen Sie an jedem Verkauf

Jetzt bei www.GRIN.com hochladen und kostenlos publizieren

GRIN

Bibliografische Information der Deutschen Nationalbibliothek:

Die Deutsche Bibliothek verzeichnet diese Publikation in der Deutschen National-
bibliografie; detaillierte bibliografische Daten sind im Internet über http://dnb.d-
nb.de/ abrufbar.

Impressum:

Copyright © 2018 GRIN Verlag
Druck und Bindung: Books on Demand GmbH, Norderstedt Germany
ISBN: 9783346018939

Dieses Buch bei GRIN:

https://www.grin.com/document/498113

Robin Meyer

Ausarbeitung und Anwendung eines Aufbautrainings zur Maximierung der Sprungkraft

GRIN Verlag

GRIN - Your knowledge has value

Der GRIN Verlag publiziert seit 1998 wissenschaftliche Arbeiten von Studenten, Hochschullehrern und anderen Akademikern als eBook und gedrucktes Buch. Die Verlagswebsite www.grin.com ist die ideale Plattform zur Veröffentlichung von Hausarbeiten, Abschlussarbeiten, wissenschaftlichen Aufsätzen, Dissertationen und Fachbüchern.

Besuchen Sie uns im Internet:

http://www.grin.com/

http://www.facebook.com/grincom

http://www.twitter.com/grin_com

Ausarbeitung und Anwendung eines Aufbautrainings zur Maximierung der Sprungkraft

von

Robin Meyer

F2b der FMS Muttenz, 2018

Inhaltsverzeichnis

„Stilistische Anmerkung

Die im Text verwendete männliche Form gilt der Einfachheit halber

auch für die weibliche."

1. Vorwort

Seit nun zwei Jahren bin ich leidenschaftlicher Basketballspieler. Ein Ziel eines jeden Basketballbegeisterten ist es, den Ball in den Korb zu „dunken", ihn also von oben nach unten in den Korb zu drücken. Dies ist sowohl äusserst effizient als auch höchst spektakulär. Des Weiteren kann einem Höhe im weiteren Sinne im Basketball zu „Shotblocks" (Abblockung eines gegnerischen Wurfversuches), „Rebounds" (Abfangen des Balls nach einem missglückten Wurf) und grundsätzlicher Dominanz auf dem Spielfeld verhelfen. Ich habe mit einer Grösse von 1,95 Metern, schon relativ gute biologische Voraussetzungen. Trotzdem will ich mein maximales Potential erreichen und meine Sprungkraft maximieren. Um dieses Ziel zu erreichen habe ich schon früher vereinzelte Trainingseinheiten der Sprungkraft gewidmet, diese Trainings allerdings nie seriös und langfristig genug praktiziert, um wirklich markante Steigerungen zu erzielen. Das Verfassen der selbständigen Arbeit zu diesem Thema hat nun folgende Gründe:

1. Der starke Bezug sowie das wissenschaftliche Interesse zu Thematik gibt mir den Ansporn und die Sicherheit ein solch grosses Projekt zu bewältigen.

2. Diese Arbeit bietet mir eine hervorragende Möglichkeit zur persönlichen und sportlichen Weiterentwicklung.

3. Das Projekt verbindet praktische Arbeit mit theoretischer, was für den Ausgleich innerhalb der gesamten Arbeit wichtig ist.

Mit genau diesen drei Kriterien versuchte ich das Themenfeld bei der Stoffwahl so stark wie möglich einzugrenzen. Schlussendlich fiel die Wahl auf die Ausarbeitung und Ausführung eines Sprungkrafttrainings.

Diese Arbeit besteht aus 47'719 Zeichen ohne Leerschläge.

«Ich erkläre hiermit, dass ich die vorliegende Arbeit eigenständig und ohne unerlaubte fremde Hilfe erstellt habe und dass alle Quellen, Hilfsmittel und Internetseiten wahrheitsgetreu verwendet wurden und belegt sind.»

Robin Meyer

15.06.18

2. Einleitung

2.1 Definition der Arbeit

Die Arbeit, welche gänzlich dem Sport verschrieben ist, besteht aus der Ausarbeitung eines selbst erstellten Trainingsprogramms zur Maximierung der eigenen Sprungkraft und dessen anschliessender Durchführung. Die zwei Hauptteile der Arbeit bestehen erstens daraus, mittels Fachliteratur, dem Internet, evtl. Interviews und nicht zuletzt aus eigenen Erfahrungen ein möglichst effizientes Trainingsprogramm zu erstellen und zweitens, dieses darauf mit mir selbst als ersten und einzigen Probanden durchzuführen und möglichst viel an Sprungkraft zuzulegen. Die Leitfragen der gesamten Arbeit können wie folgt formuliert werden:

Wie sieht ein optimales Trainingsprogramm aus, welches als höchstes Ziel die Verbesserung der Sprungkraft hat? Wie sehen die Erfolge nach einer x-tägigen Absolvierung dieses Programms aus?

2.2 Zielsetzung der Arbeit

Das Ziel der Arbeit ist, eigenständig eine möglichst moderne und effiziente Methode zur Verbesserung der Sprungkraft zu erstellen. Um diese Methode einer anschliessenden Qualitätskontrolle unterziehen zu können, wird sie unmittelbar umgesetzt und bei allfälligen Mängeln korrigiert und verbessert. Obwohl das Trainingsprogramm grundlegend eher auf meine Person zugeschnitten sein wird, sollte es auch anderen Interessenten eine qualitätsvolle Grundlage zur Maximierung ihrer Sprungkraft bilden.

2.3 Themeneingrenzung

Da im Basketball vor allem die vertikale Sprungkraft - sprich in die Höhe - gebraucht wird, liegt der Fokus des Trainings sicherlich auf dieser. Dass auch die horizontale Sprungkraft vom Training profitieren wird ist selbstverständlich. Diese wird allerdings weder speziell gemessen noch sonst näher in die Untersuchungen eingebunden. Wird also in den folgenden Seiten von der Sprungkraft gesprochen, so ist hauptsächlich deren vertikale Variante gemeint.

3. Vorgehen & Methoden

3.1 Vorgehen und Struktur der Arbeit

Die Gesamtstruktur der Arbeit kann in fünf Abschnitte gegliedert werden:

Abschnitt 1:   Hier werden grundlegende Studien zur Sprungkraft gemacht. Fragen wie „Was ist Sprungkraft?", „Wie nimmt der Körper am Prozess des Abspringens teil?", „Wie kann die Sprungkraft verbessert werden?" und „Welche Methode eignet sich am besten zur Messung der Sprungkraft?" werden beantwortet.

Abschnitt 2:   In diesem Teil wird meine Sprungkraft umfangreich gemessen und analysiert.

Abschnitt 3:   Im dritten Abschnitt geht es um die Ausarbeitung eines Trainingsprogramms. Es wird aus den Erkenntnissen von den Abschnitten 1 & 2 das Trainingsprogramm angefertigt.

Abschnitt 4: Das Programm wird nun durchgeführt und der Trainingsprozess dokumentiert.

Abschnitt 5: Nach der Absolvierung des Programms wird ein letzter Messvorgang durchgeführt. Die Resultate werden dann zusammengetragen und analysiert. Auch wird hier noch einmal das ganze Training einer erneuten Prüfung unterzogen.

3.2 Ausgangslage und Quellen

Sämtliche meiner bisherigen Kenntnisse zum Thema Sprungkraft stammen aus meiner zweijährigen Erfahrung als Basketballspieler. Wie bereits im Vorwort erwähnt, habe ich schon im letzten Jahr vereinzelt kleine Trainingseinheiten der Sprungkraft gewidmet. Dies allerdings wenig seriös und mit mittelmässigen Resultaten.

Da diese Erfahrungen natürlich nicht ausreichen, um eine annähernd haltbare wissenschaftliche Arbeit zu diesem Thema abzugeben, machte ich mich in der letzten Zeit auf die Suche nach aktueller und hochwertiger Fachliteratur. Nach eingehender Suche im Internet nach entsprechenden Büchern bin ich auf die folgenden drei Exemplare gestossen:

- Jürgen Weineck, Optimales Training - Leistungsphysiologische Trainingslehre unter besonderer Berücksichtigung des Kinder- und Jugendtrainings, Spitta Verlag, Ballingen 2002
- Wolfgang Killing, Leistungsreserve Springen - Handbuch des Sprungkrafttrainings für alle Sportarten, Philippka-Sportverlag, Münster 2008
- Michael Yessis, Explosive Basketball Training, Coaches Choice, Monterey 2003

Zu letzterer Lektüre ist zu vermerken, dass diese in englischer Sprache verfasst wurde und deswegen einige Schwierigkeiten bei der direkten Zitation aufkommen können. Trotz diesen drei Bücher als Grundlage ist es nicht ausgeschlossen, dass im Verlauf des Arbeitsprozesses weitere dazukommen. Sicherlich wird auch das Internet eine zentrale Bezugsquelle von Informationen sein können.

3.3 Trainingsplätze

Als Inhaber eines Hallenschlüssels der Sporthalle Hagenbuchen in Arlesheim habe ich die Möglichkeit, das Training in dieser Halle jederzeit in Eigenregie durchzuführen. Schlussendlich können einige Übungen - dabei denke ich vor allem an Dehnübungen u.Ä. - auch bei mir zuhause gemacht werden.

3.4 Materialien

Die Materialien, die ich für das Training benötige, werden aus den reich ausgestatteten Turnhallen, dem eigenen Bestand an Sportgeräten und dem von Freunden bezogen.

4. Grundlagenstudie

Studium der Sprungkraft und der weiteren Grundlagen:

Wie sicherlich bereits bemerkt, habe ich bislang nur sehr rudimentär an die Thematik Sprungkraft herangeführt. Da ich diesem Abschnitt besondere Bedeutung zurechne, möchte ich diesem Thema ein eigenständiges Kapitel widmen. Um ein anständiges Training zur Verbesserung einer Sache zu erstellen, muss diese zuerst genau untersucht werden.

4.1 Definition der Sprungkraft

„Springen ist das Abschnellen des Körpers vom Boden, [...], um Höhe, Weite oder Tiefe zu überwinden".[2] Es geht also darum, mittels der eigenen Muskelkraft den Körper möglichst weit von einem Gravitationszentrum wegzubewegen. Zwar gehört das Springen zu den menschlichen Grundbewegungen, dennoch zählt es nicht zur alltäglichen menschlichen Fortbewegung. Der Begriff „Sprungkraft" kann auch durch „Streckkraft der Beine" ersetzt werden. Es wird begreiflich, dass nicht nur Disziplinen, wo augenscheinlich gesprungen wird, von der Sprungkraft profitieren, sondern auch solche, wo ein Mensch sich (und evtl. ein zusätzlicher Gegenstand) in eine Richtung beschleunigen muss.

So muss zum Beispiel nicht nur der Hochspringer und der Basketballspieler über eine gesunde Sprungkraft verfügen, sondern auch der Bobfahrer, der Volleyballspieler, der Sprinter und nicht zuletzt auch der Ballett-Tänzer. Dass der Sprinter natürlich nicht dieselbe Sprungkraft trainieren muss wie der Volleyballspieler, ist selbstverständlich, ist der Absprungwinkel in den beiden Sportarten doch ein ganz anderer, eben sportartspezifisch. Auch haben beide verschiedene Möglichkeiten, ihrem Sprung zusätzliche Impulse in den Absprung zu bringen, beispielsweise durch eine Armbewegung oder durch einen Startblock.[3]

Der Sprung findet in drei Phasen statt:

Phase 1: Der Sprung beginnt mit der Vorbereitungsphase, wo eine optimale Ausgangsposition mittels des idealen Positionierens der Körperteile, dem Erzeugen optimaler Vorspannung der Muskulatur, dem Speichern von Energie und dem Verlängern des Beschleunigungsweges geschaffen werden kann.

---

[2] http://de.wikipedia.org/wiki/Springen (07.06.18)

[3] Vgl. Wolfgang Killing, Leistungsreserve Springen, 2008, Seite 6 f.

Phase 2:   Nun beginnt die Hauptphase. Hier findet die Kernbewegung statt. Diese startet mit der Gelenk- und Muskelbeugung, der sogenannten Amortisation. Gefolgt wird die Beugung von der explosiven Streckung der Gelenke und Muskeln, worauf der Körper nach oben oder nach vorn beschleunigt wird. In der Hauptphase wird, sofern nicht aus dem Stand gesprungen wird, auch die Anlaufgeschwindigkeit in Höhe umgelenkt.

Phase 3:   Der Sprung wird mit der Endphase abgeschlossen. Der Körper muss seine Bewegung abfangen und beenden. Die Endphase umfasst das Landen, das Nachgeben in Hüft-, Knie- und Fussgelenken und das Aufrichten in den normalen Stand.[4]

4.2 KOMPONENTEN DER SPRUNGKRAFT

Die Sprungkraft ist kein einzelnes Element, sondern stellt eigentlich ein Sammelbegriff mehrerer Komponenten dar. Diese Einflussgrössen zusammen machen schlussendlich Erfolg bzw. Misserfolg der Sprungkraft aus. In den folgenden Ausführungen sind die wesentlichsten Faktoren, welche die Sprungkraft als Ganzes ausmachen, aufgelistet und erklärt.

4.2.1 Muskelanatomie: Faserzusammensetzung & Muskelquerschnitt

Die Muskelanatomie ist ein sehr allgemeiner Begriff für die Gestalt, Lage und Struktur von Muskeln.[5] Wichtig für die Sprungkraft sind vor allem die anatomischen Merkmale, d.h. die Zusammensetzung der Muskelfasern und der Muskelquerschnitt.

---

[4] Vgl. Wolfgang Killing , a.a.O., Seite 13

[5] http://de.wikipedia.org/wiki/Anatomie (07.06.18)

- Bei den Muskelfasern gilt es zwei wichtige Typen zu unterscheiden: die FT (fast-twitch)-Fasern und die ST(slow-twitch)-Fasern. Die FT-Fasern haben eine hohe Reaktionsfähigkeit und kontrahieren (Kontraktion: Zusammenziehung) entsprechend schnell. FT-Fasern ermüden bedingt durch ihren hohen Energieverbrauch äusserst schnell.

Der ST-Fasertyp unterscheidet sich insofern von den FT-Fasern, als dass er nur deutlich langsamer auf Reize reagiert und durch den geringeren Energieverbrauch langsamer ermüdet. Je nach Training lassen sich die Fasertypen verändern und das Gleichgewicht in die gewünschte Richtung bewegen. FT-Fasern werden vor allem durch sehr hohe Belastung beansprucht und trainiert.[6]

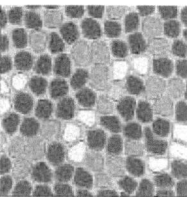

Abbildung 1: Querschnitt ST- Fasern; Quelle: www.sportunterricht.de/lksport/fasertyp1.html (07.06.18)

Die Abbildung zeigt einen Muskelquerschnitt wie er z.B. bei der Wadenmuskulatur eines Radsportlers vorkommt. Die Anzahl roter (ST-)Fasern überwiegt hier.

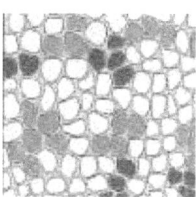

Abbildung 2: Querschnitt FT-Fasern; Quelle: www.sportunterricht.de/lksport/ fasertyp1.html (07.06.18)

Hier wird ein Muskelquerschnitt mit einem überwiegenden Anteil an FT- Fasern gezeigt. Er könnte etwa dem Unterschenkel eines Sprinters entstammen.[7]

Nebst der Faserstruktur der Muskeln ist auch der Muskelquerschnitt von Bedeutung.

---

[6] Vgl. Chris Clegg, Biology for the IB DIPLOMA, 2007, Seite437 ff.
[7] http://www.sportunterricht.de/lksport/fasertyp1.html (07.06.18)

Ganz allgemein kann gesagt werden, dass die Kraft eines Muskels wesentlich von seinem Querschnitt abhängig ist. Genauer kann der Muskel pro cm² etwa 6 kg heben. Dieses Dickenwachstum kann durch Verdickung der Muskelzellen bzw. -fasern bewerkstelligt werden.

Nebst der Muskelverdickung (Hyperthropie) können die Zellen aber auch vermehrt werden. Die Zellvermehrung wird Hyperplasie genannt. Zu dieser Neubildung von Muskelfasern kann es durch hohe mechanische Beanspruchung kommen. Muskelwachstum ist eine natürliche Folge, welche durch ungewohnt intensive Spannungsreize hervorgerufen wurde. Dadurch wird diese Spannung auf eine grössere Zellmasse verteilt, was Schutz vor Überbelastung bedeutet.[8]

4.2.2 Kraftverhältnis

Kraft hat drei verschiedene Erscheinungsweisen. Diese sind Maximalkraft, Schnellkraft und Kraftausdauer. In jeder Sportart und Bewegungsform haben diese drei Kraftfähigkeiten eine spezifische Bedeutung.

I. Maximalkraft

„Die Maximalkraft stellt die höchstmögliche Kraft dar, die das Nerv-Muskel- System bei maximaler willkürlicher Kontraktion auszuüben vermag."[9] Da das Springen eine dynamische Bewegung ist, wird die Maximalkraft der Sprungkraft auch dynamische Sprungkraft genannt.

---

[8] Vgl. Jürgen Weineck, Optimales Training, 2002, Seite 255 ff.

[9] Jürgen Weineck, a.a.O, Seite 237

II. Schnellkraft

„Die Schnellkraft beinhaltet die Fähigkeit des Nerv-Muskelsystems, den Körper, Teile des Körpers [...] oder Gegenstände [...] mit maximaler Geschwindigkeit zu bewegen."[10] Je höher die zu überwindende Last ist, desto stärker nimmt die Bedeutung der Maximalkraft für die Schnellkraft zu. Bei der Sprungkraft ist dieser Zusammenhang sicherlich vorhanden. Innerhalb der Schnellkraft lässt sich wieder die Startkraft und die Explosivkraft unterscheiden. Das Ziel der Startkraft ist, bei Beginn der Muskelanspannung möglichst viel Kraft zu generieren. Bei der Explosivkraft liegt der Zeitfaktor im Vordergrund und es wird auf einen hohen Kraftanstiegsverlauf wertgelegt.

III. Kraftausdauer

„Die Kraftausdauer ist [...] die Ermüdungswiderstandsfähigkeit des Organismus bei lang andauernden Kraftleistungen."[11] Sie ist vor allem bei Ausdauersportarten leistungsbestimmend und für mein themenbezogenes Trainingsprogramm von eher geringem Stellenwert.

Für die Sprungkraft sind vor allem Maximal- und Schnellkraft von grosser Wichtigkeit. Bei Sprüngen aus dem Stand, wo aus dem Nichts beschleunigt werden muss, überwiegt die Schnellkraft. Wird mit Anlauf gesprungen so nimmt auch die Maximalkraft zunehmende Bedeutung an.[12]

4.2.3 Muskelstiffness

Als „Muskelstiffness" wird die Muskelsteifigkeit bezeichnet. Dabei müssen Muskeln und Sehnen als gummiartiges Gewebe angesehen werden, welches sich bei stärkerem Widerstand zusammenzieht. Durch diese Spannung wird im ersten, sogenannten exzentrischen Teil Energie gespeichert und im zweiten, konzentrischen Teil, wieder

---

[10] Jürgen Weineck, a.a.O, Seite 238

[11] Jürgen Weineck, a.a.O, Seite 242

[12] Vgl. Jürgen Weineck, a.a.O, Seite 236 ff.

abgegeben. Dieser Dehnungs- Verkürzungs-Zyklus der Sehnen und Muskeln verstärken den Sprungimpuls wesentlich und ist mit dem Zusammendrücken und Wegspringen einer Sprungfeder zu vergleichen.

Die „Muskelstiffness" ist also eine passive Energiespeicherung. Je höher diese Steifigkeit des Gewebes ist, desto mehr Spannung kann aufgebaut und somit auch wieder in den Sprung abgegeben werden.

Diese Tatsache erklärt auch, wieso übermässiges Dehnen der Sprungkraft entgegenwirkt. Bei zu starker Dehnfähigkeit werden Muskeln und Sehnen lasch und verlieren an Energieaufnahmefähigkeit. Gleichermassen ungünstig ist es, wenn das Gewebe zu steif ist. Denn so kann überhaupt keine Spannung aufgebaut werden, die „Sprungfeder" ist gänzlich unelastisch.[13] Genauer auf die Dehngymnastik wird im Kapitel 5.1.3 eingegangen.

4.2.4 Sprungtechnik

Obwohl der Sprung oft als eigentlich recht simple Bewegung angesehen wird, wird doch der ganze Körper beansprucht. Auch gibt es mehr oder weniger komplexe Sprungformen. Oft verbindet der Sprung nebst der Kraft auch Timing und Koordination in der Luft. All diese Dinge schlussendlich korrekt durchzuführen, erfordert viel Übung und Erfahrung. Diese Komponenten in ihrer Abfolge kann man fast nur bei der Ausführung der Disziplin selbst trainieren, im Basketball beispielsweise direkt beim Spiel 5 gegen 5. Nur hier finden Ball, Gegner, Korb, eigener Körper und vieles mehr zusammen und der Sprung tritt in seiner ganzen Komplexität auf.

Zusätzlich zur Technik kommt natürlich auch der Einsatz der Arme und Beine als Schwungelemente, die Körperstreckung und die Haltung während des Fluges hinzu.

4.2.5 Körpergewicht

Die Gleichung ist simpel: Je weniger Gewicht die Beine in die Höhe stemmen müssen, desto stärker kann der Körper vom Gravitationszentrum abgestossen werden. Nun ist

---

[13] Vgl. Wolfgang Killing , a.a.O., Seite 21

es so, dass sich Muskel- bzw. Kraftaufbau und Diät schlecht gleichzeitig durchführen lassen. Um ein optimales Verhältnis zwischen Kraft und Körpergewicht herzustellen, sollte aber trotzdem sehr auf die Ernährung geachtet und auf Süsses sowie Fettiges weitgehend verzichtet werden.

Ohne einen allzu genauen Ernährungsplan aufzustellen will ich hier einige Empfehlungen zu einer richtigen Nahrungseinnahme geben:

- Grundsätzlich sollte dem Körper mindestens drei Mal am Tag Nahrung zugeführt werden.
- Um während dem Training maximale Effizienz zu erhalten, muss der Körper gut hydriert sein. Deswegen sollte sehr viel getrunken werden. Um dieser Aussage einen ungefähren Wert beizufügen, sei hier die oft empfohlene Menge von 2 - 3 Litern Flüssigkeit pro Tag erwähnt.[14]
- Wird intensiv Sport betrieben, muss der Körper mit reichlich Protein versorgt werden, namentlich mit etwa 0,8g - 1g Protein pro Kilo Körpergewicht. Die grössten Proteinlieferanten sind Fisch, Fleisch (optimalerweise Geflügel), Eier, Milchprodukte, Nüsse und Hülsenfrüchte.

Protein bzw. Eiweiss ist notwendig für den Aufbau und Erhalt von Körperzellen und deshalb extrem wichtig bei unserem Trainingsprogramm und sportlichen Aktivitäten allgemein.[15]

- Dass Früchte und frisches Gemüse absolut essenziell für unseren Körper sind, muss hier wohl nur am Rande erwähnt werden. Es ist allgemein bekannt und wohl unumstritten, dass diese viele Vitamine, Mineralien und Zucker bergen.
- Pasta, Getreideprodukte, Brot, Kartoffeln, Reis, Bohnen, Früchte und Gemüse beinhalten viel Kohlenhydrate. Kohlenhydrate sind der Hauptenergielieferant für den Organismus.
- Beim Nahrungsmitteleinkauf sollte Wert daraufgelegt werden, die Esswaren frisch und in möglichst wenig weiterverarbeitetem Zustand zu kaufen. Je näher

---

[14] Vgl. Michael Yessis, Explosive Basketball Training, 2003, Seite 170

[15] http://de.wikipedia.org/wiki/Protein (10.06.18)

das Produkt an seinem natürlichen Zustand ist, desto weniger verliert es seinen gesunden Gehalt.[16]

Sind genauere und spezifischere Empfehlungen zu einer richtigen Ernährungsweise erwünscht, sollte ein Ernährungsberater zu Rate gezogen werden.

4.2.6 Motivation

Motivation und Einstellung können viel zum Resultat eines Sprunges beitragen. Ist der Athlet schon psychisch ausgelaugt und befindet sich beispielsweise bereits am Ende einer Trainingseinheit, so wird er voraussichtlich deutlich weniger hoch springen können, als wenn er während einem knappen Spiel adrenalingeladen zum Korb springt. Der Proband sollte dementsprechend konzentriert und motiviert in eine Trainingseinheit gehen. Sie einfach lustlos hinter sich zu bringen, ist aus dem Grund verwerflich, weil so die Maximalleistung nicht erreicht werden kann und das Training kaum Ergebnisse erzielen wird.[17]

Abbildung 3:Faktoren der Sprungkraft; Quelle: Robin Meyer (R.M.)

---

[16] Vgl. Michael Yessis, a.a.O., Seite 170

[17] Vgl. Wolfgang Killing, a.a.O., Seite 19 ff

4.3. Sprungformen

Grundsätzlich gilt es zwischen folgenden Sprungformen zu unterscheiden:

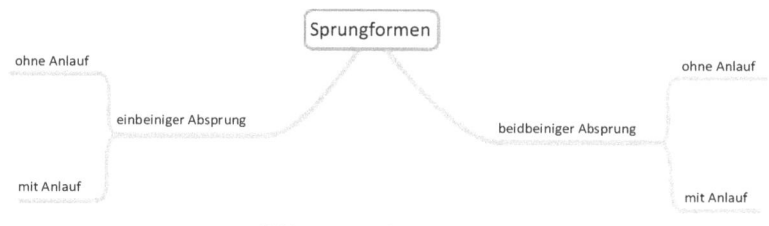

Abbildung 4: Sprungformen; Quelle: R.M.

Zu dieser recht einfachen Differenzierung muss beachtet werden, dass diese Sprungformen ganz verschieden ausgeführt werden können. So kann man natürlich unterschiedlich hoch oder weit springen, kann unterschiedlich lange Pausen zwischen den einzelnen Sprüngen halten, kann die Anlaufgeschwindigkeit variieren, die Richtung ändern, den Untergrund wechseln, die Schwungelemente verschieden einsetzen und so weiter. Dabei wird der Sprung komplexer und körperlich fordernder, je höher die Frequenz und je öfter die verschiedenen Elemente wie Richtung und Untergrund sich verändern. Eine Sprungfolge von hohen, beidbeinigen Sprüngen bei ständigem Richtungswechsel direkt nach der Landung ist also deutlich anspruchsvoller als ein einfacher, angelaufener Sprung nach vorne.

4.4 Mein Sportlertyp

Nun sind natürlich noch einige Angaben zu meiner Person anzugeben. Ein jedes Training sollte so aufgebaut sein, dass es ungefähr für den gewählten Sportlertyp massgeschneidert ist. Dafür sind einige simple Angaben zusammenzutragen. Dies sollte etwa so aussehen:

Seit meiner Kindheit bin ich sportlich aktiv. Schon als kleines Kind konnte mich mein Vater für den Fussball begeistern. Mit 13 Jahren kam noch das Tennis dazu was ich dann auch 3 Jahre gespielt habe. Ein vollständiger Wechsel vom Tennis und dem Fussball zum Basketball fand statt, als ich 16 Jahre alt war. Denn mein 16. Lebensjahr verbrachte ich den in Vereinigten Staaten von Amerika, in Georgia, wo ich auch die Leidenschaft für den Sport Basketball entdeckte. Scheinen diese drei Sportarten eigentlich sehr unterschiedlich, haben sie ihre Anforderungen doch in sehr ähnlichen Bereichen. Bei allen drei Sportarten liegt der Fokus auf dem Ballgefühl, schnellen Richtungswechseln, Ausdauer, Schnellkraft, Koordination und nicht zuletzt auch mentaler Stärke. Die Erlebnisse aus diesen drei Sportarten machen aus mir einen ziemlich vielseitigen und durchaus erfahrenen Sportler.

An meiner Körpergrösse von aktuell 1.95 m wird sich wohl nicht mehr viel ändern, bewege ich mich mit meinen 18 Jahren doch langsam aber sicher auf das Ende meiner Wachstumsphase hin. Mein Gewicht bewegt sich um etwa 82 kg. Da ich aber neben dem Schul- und Basketballsport noch ein wenig Krafttraining betreibe, befindet sich dieser Wert in sehr langsamer aber stetiger Zunahme. Natürlich setzt man seinen Körper beim Betreiben von Leistungssport immer einer gewissen Verletzungsgefahr aus. Da dieses Risiko unausweichlich ist und zwar bei jeder Aktivität, nehme ich diese Gefahr gerne in kauf.

Zusammenfassend kann ich sagen, dass ich mich als fortgeschrittenen Sportler ansehe, was mir erlaubt, ein ebenso fortgeschrittenes Trainingsprogramms absolvieren zu können. Die Gefahr, mich während dem Trainingsprogramm zu verletzten, muss ich, ohne einen allfälligen Plan B bereit zu haben, akzeptieren.

4.5 Messverfahren

Die Sprungkraft wird mit dem simplen und dennoch genauen und aussagekräftigen „Jump-and-reach-Test" (engl.: Springen und Erreichen) getestet. Er wird wie folgt durchgeführt:

Aufrecht und auf den Zehenspitzen stehend und mit nach oben ausgestrecktem, beliebig gewähltem Arm wird zuerst die maximale Reichhöhe ermittelt. Anschliessend versucht der Proband vom Boden abzuspringen und im höchsten Punkt der Flugphase einen Abdruck mit der mit Kreide oder Magnesium angefärbten Hand an die Wand oder das „Backboard" (Basketballbrett) zu schlagen. Die Differenz zwischen der zweiten und der ersten Reichhöhe bildet nun die Sprungkraft.

Es gilt also folgende Formel:

Formel zur Sprunghöhe
Reichhöhe gesprungen - Reichhöhe stehend = Sprunghöhe

Abbildung 5: Sprunghöhe; Quelle: R.M.

Der vertikale Sprung ist in zwei Varianten durchführbar:

1. Stehender vertikaler Sprung: Die Person springt aus dem Stand so hoch wie möglich, ohne einen Schritt zu machen.

2. Rennender vertikaler Sprung: Die Person springt mit Anlauf so hoch wie möglich, um aus der Beschleunigung zusätzliche Energie zu generieren.

Beim Test werde ich mich aber auf den Sprung aus dem Stand fokussieren. Da es mir eher an Höhe beim Sprung aus dem Stand fehlt im Gegensatz zum rennenden Sprung. Dieser wird insgesamt 3-mal gemessen; der jeweils beste Versuch schlussendlich in die Formel eingesetzt. Über die gesamte Trainingszeit wird die Sprunghöhe nur zweimal gemessen, beim Beginn des Trainingsprogramms und eine Woche nach dessen Abschluss. An beiden Daten muss der Körper die Messung in ausgeruhtem Zustand durchführen.[18]

---

[18] http://spt0010a.sport.uni-oldenburg.de/PDF/SEMINARUNTERLAGENSPRUNGAN- LEITUNGEN.PDF (11.06.18)

Der minimale zeitliche Abstand zwischen zwei Sprungkrafttest beträgt acht Wochen.[19] Ein kürzerer Abstand macht deshalb keinen Sinn, weil der Körper einige Zeit benötigt, um ein Training letztendlich auch in Kraft umzuwandeln.

4.6 TEST 1

4.6.1 Testergebnisse des ersten Tests

17.04.18	Stand (beidbeinig)
Versuch 1	304 cm
Versuch 2	306 cm
Versuch 3	304 cm
Reichhöhe	262 cm
Differenz (Bester Versuch – Reichhöhe)	44 cm

Abbildung 6: Test 1; Quelle: R.M.

Bemerkung: Die Messunsicherheit bzw. der Messfehler beträgt etwa 1 cm.

4.6.2 Testdurchführung und Resultatanalyse

Der erste Sprungkrafttest wurde am Montag, dem 17.04.18, in der Sporthalle Hagenbuchen durchgeführt. Ich ruhte mich in der vorhergehenden Woche aus und spürte, dass ich heute das volle Potenzial meiner vorhandenen Sprungkraft ausschöpfen konnte. Bei den Tests bestätigte sich dies. Ich hatte auf jeden Fall das Gefühl, höchstmöglich zu springen.

Als ich begann Basketball zu spielen und schnell merkte, dass ich die biologischen Voraussetzungen zum «Dunken» (wird in der Einleitung erläutert) hätte, fing ich schnell an, den Basketballkorb als Ziel meiner Sprunghöhe zusehen. Deswegen sind die

---

[19] Vgl. Markus Tschopp, Manual Leistungsdiagnose Kraft, Swiss Olympic, 2003, Seite 8

Ergebnisse für mich persönlich wenig überraschen, da ich meine Sprunghöhe mit der Höhe des Basketballkorbs vergleichen konnte, der auf einer Höhe von 305 cm liegt.

Die Sprungkraft der Menschen unterscheidet sich von Person zu Person sehr stark. Bekannt sind etwa ein halbes Duzend Personen, die über eine Sprungkraft von 50 Inches (ca. 127 cm) verfügen. Der Vergleich mit meiner - in dieser Relation ziemlich mickrigen Sprungkraft - zeigt, dass bei mir eigentlich noch viel Luft nach vorhanden ist.

4.7 SPORTLICHE ZIELSETZUNG

Eine Zielsetzung bei der Durchführung eines solchen Trainingsprogramms gestaltet sich grundsätzlich schwierig. Verschiedene Sportlertypen können ganz unterschiedlich auf die Belastung und das Training reagieren, die Resultate dementsprechend gestreut ausfallen. Als Jugendlicher, der schon sein ganzes Leben wettkampforientiert Sport betreibt und auch schon einige Erfahrungen mit dem Sprungkrafttraining hat - also nicht untrainiert ist - ist das Resultat noch schwieriger vorauszusagen. Zum einen habe ich die Möglichkeit, bereits Übungen für Fortgeschrittene durchzuführen, das Programm allgemein straffer zu gestalten und somit grössere Leistungssteigerungen zu erzielen. Zum anderen besteht die Gefahr, dass meine Sprungkraft schon nahe an ihrem Maximum ist und die Ergebnisse relativ bescheiden ausfallen können.

Aus Erlebnissen von vergleichbar trainierten Freunden und Quellen aus dem Internet, die auf ähnliche Weise die Sprungkraft zu verbessern versuchten, kamen sehr analoge Resultate zustande. In relativ kurzer Zeit konnten sie etwa 5 - 10 cm Sprungkraft zulegen.

Demzufolge setze ich auch mein sportliches Ziel auf eine Leistungsverbesserung von etwa 10 cm in der Zeit meines Trainingsprogramms. Dieses Ziel ist sicherlich ehrgeizig. Es wird sich herausstellen, ob das Ziel sich ungefähr bestätigt oder ob meine Erwartungen viel zu hoch (oder sogar zu tief) angesetzt waren.

5. Trainingsprogramm

Aufstellen des konkreten Programms zur Verbesserung der Sprungkraft:

Nach eingehendem Studium der Sprungkraft und allem was dazu gehört, gilt es nun das Training zusammenzustellen.

5.1 TRAININGSAUFBAU

Bei der Lektüre von Wolfgang Killings Buch „Leistungsreserve Springen" hat sich herausgestellt, dass die Sprungkraft auf verschiedenste Arten maximiert werden kann. Folgende drei Hauptmöglichkeiten konnte ich herausfiltern:

5.1.1 Teil 1 - Kraft- und Muskelaufbau (Hypertrophie)

Bevor ich auf die Details des Krafttrainings komme, möchte ich zuallererst auf dessen Gefahren hinweisen. Es gibt einige Dinge, welche bei der Durchführung von Krafttraining unbedingt zu beachten sind. Als eine dieser Gefahren gilt das Training an Geräten in noch sehr jugendlichem, bzw. kindlichem Alter. Davon ist dringend abzuraten, da der Körper dann noch in der Wachstumsphase ist. Durch das Krafttraining wird diese beeinflusst und es kann zu Muskel- und Gelenksveränderungen kommen, welche vielleicht erst in fortgeschrittenerem Alter ersichtlich werden. Als ungefährer Leitsatz kann einem jungen Sportler dann gezieltes Krafttraining (Eigengewicht oder nur in vorsichtiger Dosierung) empfohlen werden, wenn er schon etwa 4 bis 6 Jahre intensiv Sport betrieben hat. Das Krafttraining kann dann als Möglichkeit zur Erschliessung zusätzlicher Leistungsreserven betrachtet werden.[20]

---

[20] Vgl. Wolfgang Killing, a.a.O., Seite 109

Eine weitere Gefahr ist die, dass Kraftübungen an Geräten oft nicht genügend sorgfältig und korrekt durchgeführt werden. Auch dies erhöht die Verletzungsgefahr. Da ich in meiner Arbeit nur auf die korrekte Durchführung und spezielle Gefahren hinweise und andere Personen nicht beim Training kontrollieren kann, rate ich dazu, sich bei der ersten Krafttrainingseinheit von einem Experten (Sportlehrer, Fitnesstrainer, etc.) kontrollieren zu lassen. Dieser kann direkte Verbesserungsvorschläge bei den Bewegungen anbringen.

Da nun auf die Gefahren hingewiesen wurde, kann ich spezifisch auf das Muskelaufbautraining eingehen. Diese Trainingsform ist Grundlage für die Kraft, welche durch das spätere Schnelligkeitstraining erzeugt wird und hat vor allem das Ziel, den Muskeldurchmesser zu vergrössern und die Maximalkraft näher an das absolute Limit zu bringen (siehe dazu 4.2.1 & 4.2.2). Dieses Muskelaufbautraining ist für die Ober- und Unterschenkelmuskulatur durchzuführen. Für das Muskelaufbautraining im Kraftraum gibt es einige Modalitäten zu beachten:

- Wiederholungszahl einer Übung: 8 - 12
- Bewegungstempo: Langsam bis mittel und ohne Unterbrechung
- Sätze: 3 - 5 für Anfänger; 5 - 8 für Leistungssportler
- Satzpausen: 1 - 2 Minuten [21]

5.1.2 Teil 2 - Schnelligkeitstraining (Plyometrie)

Wer das Gefühl hat, Sprungkraft liesse sich mit blossem Gerätekrafttraining und Muskelvergrösserung merklich verbessern, irrt sich. Das Hyperthropietraining ist nämlich hauptsächlich die Basis für das spätere Plyometrie- bzw. Schnelligkeitstraining. Mit dem Vergrössern des Muskels wird quasi Platz für die zusätzliche (Schnell-)Kraft geschaffen, welche nun durch plyometrisches Training erzeugt wird.

Das plyometrische Training wird oft auch als Elastizitätstraining oder reaktives Training bezeichnet. Da diese Methode auch Dehnungsreflex und Elastizität der Muskeln ausnutzt, eignet sie sich perfekt für Schnellkrafttraining. Zentral für die Durchführung

---

[21] Vgl. Jürgen Weineck, a.a.O, Seite 305 ff.

von plyometrischem Training ist vor allem, dass die Übungen in schneller Abfolge durchgeführt werden sollten und grössten Wert auf höchst explosive Absprünge gelegt werden sollte. Intensives Plyometrietraining ist nicht für Kinder oder Anfänger geeignet, da es eine bereits gut entwickelte Kraft und einen gut trainierten Körper voraussetzt.

Auch für das Plyometrietraining gibt es einige Aspekte zu beachten. Folgende Modalitäten müssen für ein erfolgreiches Training befolgt werden:

- Explosive Bewegungsausführung
- 6 - 10 Wiederholungen
- Anfänger 2 - 3 Sätze, Fortgeschrittene 3 - 5 Sätze, Hochleistungssportler 6 - 10 Sätze
- Pausen zwischen den Sätzen: 2 Minuten
- Nur in frischem und gut aufgewärmtem Zustand![22]

5.1.3 Teil 3 - Dehngymnastik

Die Beweglichkeit sollte schlussendlich ein unterstützender Bestandteil sein. Der Begriff Beweglichkeit fasst im Grunde die Eigenschaft der Dehnfähigkeit und das Elastizitätsverhalten der Muskeln und Sehnen zusammen. Diese Komponenten bedeuten für die Sprungkraft vor allem:

- Schutz vor Verletzungen
- Geschmeidigere Bewegungsabläufe
- Optimale Kraftübertragung
- Verlängerung der Aushol- und Beschleunigungswege
- Bessere Koordination der Teilbewegungen

Mit diesen Eigenschaften ist die Beweglichkeit für die Sprungkraft leistungsbestimmend. In optimalem Verhältnis kann die Beweglichkeit also durchaus einiges am Resultat eines Sprunges verändern. Dieses Verhältnis wurde bereits im Kapitel 4.2.4 angesprochen.

---

[22] Vgl. Jürgen Weineck, a.a.O., Seite 285 ff.

Bei übermässigem Dehnen besteht die Gefahr, dass die Reflexe abnehmen und das Muskel-Sehnen- System zu lang und träge wird.

Man kann zwischen zwei Dehnformen unterscheiden:

Passives/Statisches Dehnen	Aktives/Dynamisches Dehnen
Hier hält der Athlet eine Dehn-position während mindestens 30 Sekunden. Dabei wird der zu dehnende Körperteil in einer bestimmten Lage gebracht, sodass dieser durch Druck oder Zug über längere Zeit so stark wie möglich entspannt wird.	Beim dynamischen Dehnen ruht der zu dehnende Körperbereich nicht, sondern bewegt sich schwungförmig. Durch diese Schwungbewegung werden Muskeln und Sehnen stark entspannt, was den gewünschten Dehneffekt hervorruft. Der Vorteil des aktiven Dehnens liegt hauptsächlich in der Nähe an den späteren Bewegungsabläufen beim Ausführen des Sports.

Abbildung 7: Dehnformen; Quelle: R.M.

Seit langer Zeit wird darüber diskutiert, welche der beiden Methoden des Stretchings die bessere sei. Die Antworten darauf wechseln ständig und so bleibt ein letzter und offizieller Stand zu dieser Frage noch immer aus. Die meisten Fachleute empfehlen aber, beide Methoden zu kombinieren.

Eine einzelne Dehnübung sollte auf jeden Fall mindestens 30 Sekunden gehalten werden. Die gesamte Dauer eines Dehnprogramms sollte nicht weniger als 5 - 7 Minuten betragen und kann schnell auf die 15 Minuten zugehen. Diese Zeit sollte vor und nach dem Training der ersten beiden Trainingsteile investiert werden und gehört auch zum Aufwärmen. Das Stretching muss unbedingt konzentriert und sauber durchgeführt werden. Dies senkt die Verletzungsgefahr beim Training erheblich.[23] [24]

---

[23] Wolfgang Killing, a.a.O., Seite 126 f.

[24] Vgl. Michael Yessis, a.a.O., Seite 12 f.

5.2 SPEZIFISCHE ÜBUNGEN

Hier werden die einzelnen Übungen stichwortartig beschrieben und erklärt. Es handelt sich um eine Auswahl einer beinahe unbegrenzten Anzahl an Übungsformen. Die Übungen zu Teil 1 sind den Möglichkeiten und Gerätschaften im Kraftraum der Sporthalle Hagenbuchen angepasst.

Genaue Angaben zu der Anzahl Wiederholungen und Sätze sind im Kapitel 5.1 zu finden.

5.2.1 Übungen zu Teil 1

Kniebeugen

Aufstellung	Schulterbreit stehen; Füsse nach vorne; Langhantel auf Schulter; Gewicht auf ganzem Fuss; Rücken angespannt/durchgestreckt; Blick nach oben/vorne
Durchführung	Langsam in die Knie bis Oberschenkel etwa horizontal; Knie nie über Fussspitzen und nicht einknicken; danach wieder nach oben bis Beine fast gestreckt
Trainierte Muskelgruppe	Oberschenkel

Abbildung 8: Kniebeugen; Quelle: R.M.

Ausfallschritte

Aufstellung	Beine schulterbreit; Langhantel im Nacken
Durchführung	Schritt nach vorne; hinteres Bein knickt ein; Oberschenkel des vorderen Beins sollte etwa horizontal zum Boden sein; Rücken gerade halten; zurückführen; Bein wechseln
Trainierte Muskelgruppe	Oberschenkel

Abbildung 9:: Ausfallschritte; Quelle: R.M.

Beinpresse

Aufstellung	Rücken anlehnen; gesamte Fusssohlen an Platform platzieren
Durchführung	Beine strecken bis fast durchgestreckt; danach zurückführen bis maximal 90°-Winkel zwischen Ober- und Unterschenkel
Trainierte Muskelgruppe	Oberschenkel

Abbildung 10:: Beinpresse; Quelle: R.M.

Wadenpresse, stehend

Aufstellung	Fussspitzen werden auf Stufe der Wadenmaschine positioniert; Gewicht liegt auf der Schulter
Durchführung	Langsam Fussgelenk strecken und Fersen so weit wie möglich anheben; danach wieder zurück und die Ferse so weit möglich senken; Knie bei der Übung nicht durchstrecken sondern leicht beugen
Trainierte Muskelgruppe	Unterschenkel

Abbildung 11:: Wadenpresse, stehend; Quelle: R.M.

Ad- und Abduktoren Maschine

Aufstellung	Rücken anlehnen; Knie an den Polstern anlehnen
Durchführung	Beine langsam nach aussen bzw. nach innen drücken und danach wieder langsam zurückführen
Trainierte Muskelgruppe	Ad- und Abduktoren

Abbildung 12:: Ad- und Abduktoren Maschine; Quelle: R.M.

5.2.2 Übungen zu Teil 2

Kastensprünge

Aufstellung	Zwei Kästen mit etwa einem Meter Abstand zueinander aufstellen
Durchführung	Beidbeiniger Sprung vom ersten Kasten auf den Boden zwischen den beiden Kästen; nach Landung so direkt und explosiv wie möglich auf den zweiten Kasten springen; zurück in Ausgangsposition

Abbildung 13: Kastensprünge; Quelle: R.M.

Ringfroschsprünge

Aufstellung	Sich unter einem Basketballkorb in der «Froschposition» aufstellen
Durchführung	So hoch wie möglich an den Ring (falls der Ring zu hoch ist, an das Brett) schlagen und nach Landung wieder in die «Froschposition» und direkt erneut zum Brett springen

Abbildung 14: Ringsprünge; Quelle: R.M.

Hürdensprünge

Aufstellung	Etwa 6 - 10 Hürden hintereinander aufstellen (zur Intensivierung können auch Hürden auf der Seite aufgestellt werden)
Durchführung	So hoch und explosiv wie möglich über die Hürden springen, sind auch auf der Seite Hürden aufgestellt so kann zwischendurch auch auf die Seite und wieder zurück gesprungen werden

Abbildung 15: Hürdensprünge; Quelle: R.M.

5.2.3 Übungen zu Teil 3

Körperregion	Durchführung
Wadenmuskulatur	Leichter Ausfallschritt; vorderes Bein angewinkelt; hinteres Bein gestreckt und gegen Boden gedrückt
Oberschenkelstrecker	Auf einem Bein stehen; Ober- schenkel vertikal halten und Unter- schenkel hinten an Oberschenkel ziehen
Oberschenkelbeuger	Beine gestreckt; Oberkörper beugen und gegen Oberschenkel bewegen; Arme so weit wie möglich gegen den Boden drücken
Adduktoren	Beine gespreizt; ein Bein beugen
Wadenmuskulatur & Oberschenkelbeuger	Sitzen; mit den Armen nach den Füssen greifen und Oberkörper an Oberschenkel drücken
Beinfreiheit	Mit einem Arm an Wand abstützen; der Wand entlang schauen; Bein gebeugt schwingen

Abbildung 16: Übungen zu Teil 3; Quelle: R.M.; Wolfgang Killing, a.a.O., Seite 129 f.

5.3 TRAININGSPLAN

5.3.1 Gesamtplan

Da die Zeit zur Fertigstellung dieser Selbstständigen Arbeit begrenzt ist und dazwischen noch zwei Wochen Ferien liegen, kann das gesamte Trainingsprogramm nicht länger als 7 Wochen (inkl. 1 Ruhewoche) dauern. Bei der Gestaltung des Mikrozyklus habe ich mich auf ein dreimaliges wöchentliches Training entschieden. Das Training findet aus Zeitgründen jeweils am Dienstag, Donnerstag und Sonntag statt.

Für das Trainingsprogramm gibt es drei Phasen: Die extensive, die intensive und die explosive Phase. Die extensive und die intensive Phase bezwecken die Bildung der elementaren Voraussetzungen. Die explosive Phase dient hingegen dem Aufbau der spezifischen Anforderungen für das Trainingsziel - in unserem Falle der Sprungkraft und der Explosivität. Der Makrozyklus der muskelaufbauorientierten extensiven und koordinationsaufbauenden intensiven Phase beträgt total drei Wochen. In diesen drei Wochen wird im Kraftraum zweimal wöchentlich hypertrophisches Training an den Geräten und einmal wöchentlich plyometrisches Training durchgeführt. Danach folgt eine ein wöchige Erholungsphase in der ich zweimal joggen gehen werde. In den darauffolgenden drei Wochen beginnt die explosive Phase und das Plyometrietraining wird auf zwei wöchentliche Einheiten erhöht, während das Training von Muskelvolumen nur noch einmal pro Woche gemacht wird. In diesen Wochen muss das vorher erarbeitete Kraftniveau mindestens erhalten werden. Der Sinn des gesamten Aufbaus liegt darin, in den ersten Wochen einen Grundstock an Muskeln aufzubauen, welche dann in den späteren Wochen auf Schnellkraft trainiert werden sollen.[25]

Das Training wird während den sieben Wochen vom Montag, dem 16.04.18, bis Sonntag, dem 27.05.2018, durchgeführt. Das Training wird dann mit einem zweiten Test abgeschlossen.

Woche	1.	2.	3.	4.	5.	6.	7.
Teil 1	2x	2x	2x		1x	1x	1x
Teil 2	1x	1x	1x		2x	2x	2x
Teil 3	3x						
Gesamt	21x						

Abbildung 17: Gesamtplan; Quelle: R.M.

Legende zur Abbildung 17:

◼ extensive & intensive Phase

◼ explosive Phase

◼ Ruhephase

Bemerkung: In den jeweiligen Zeilen der verschiedenen Teile, wird nochmal graphisch aufgezeigt, wie oft ich mich pro Woche welchem Teil gewidmet habe. Da Teil 3 immer vor und nach Teil 1 & 2 stattfindet, wird er hier nicht speziell aufgeführt. Wie bereits in Kapitel 5.1.3 erwähnt, sollte darauf geachtet werden, die Muskeln und Sehnen nicht

---

[25] Vgl. Jürgen Weineck, a.a.O., Seite 353 f.

übermässig zu dehnen, da so die Reflexe abnehmen können und die Elastizität teilweise abnimmt.

6. Trainingsjournal

Dokumentation des praktischen Teils:

Hier beginnt das Trainingsjournal, welches den praktischen Teil meiner Selbständige Arbeit wiedergibt. Es ist als wöchentlich aktualisiertes Tagebuch zu lesen und beinhaltet eine Niederschrift des in der jeweiligen Woche durchgeführten Trainings inklusive speziellen und erwähnenswerten Erlebnissen.

WOCHE 1

Durchgeführtes Training:

1.   Einheit: Dienstag, 17.04.18: Teil 1

2.   Einheit: Donnerstag, 19.04.18: Teil 1

3.   Einheit: Sonntag, 22.04.18: Teil 2

Erlebnisse/Spezielles:

1. Einheit: Am Dienstag, dem 17. April 2018, startete ich das Trainingsprogramm mit einem Besuch im Kraftraum der Sporthalle Hagenbuchen in Arlesheim. Beim heutigen Training ging es darum, mich langsam an die verfügbaren Geräte heranzutasten und das richtige Gewicht für die jeweiligen Übungen auszuwählen. Sehr grossen Wert legte ich auf das ausführliche Aufwärmen der Muskeln sowie die konzentrierte und vorsichtige Durchführung der Übungen. Ich konnte die Einheit ohne Komplikationen innerhalb von einer Stunde absolvieren. Während dieser Zeit wurden jeweils 5 Sätze mit 8 - 12 Wiederholungen der im Kapitel 5.2.1 erwähnten

Übungsformen gemacht. Ich bemerkte, dass es keinen Sinn macht, noch länger zu trainieren, da bereits nach dem vierten Satz der jeweiligen Übungsform die Leistungsfähigkeit stark abnahm. Auch ist die Anzahl der verschiedenen Übungsformen bei Teil 1 recht beschränkt, da viele Übungen dieselbe Muskelgruppe trainieren. Somit scheint es mir sinnvoll, einer einzelnen Muskelaufbaueinheit eine konzentrierte Stunde und nicht mehr zu widmen.

2. Einheit: Heute wurde das Training vom Montag wiederholt. Da die Abstimmung der Gewichte nun schon klar war, konnte ich direkt loslegen. Es mag seltsam klingen, doch schon heute, beim gerade Mal zweiten Training, realisierte ich, dass mich das Training an die Grenzen meiner physischen Leistungsfähigkeiten bringen wird. Nicht nur, dass es einer grossen Überwindung bedarf, beinahe jeden zweiten Tag wieder im Kraftraum zu sein, nein, ich bemerkte auch, dass ich schon grössere Mühe mit den einzelnen Übungen hatte. Waren meine Beine beim ersten Mal noch vollständig ausgeruht, spürte ich heute schon eine leichte Abnahme der Leistungsfähigkeit. Selbstverständlich zog ich aber das Training mit weiterhin grösster Sorgfalt und Konzentration durch.

3. Einheit: Am heutigen Tag fand das erste Plyometrietraining statt. Nach einer längeren Einlauf- und Eindehnphase, startete ich mit den einzelnen Übungen. Ich war erstaunt, wie stark meine Beine schon nach einem zehnminütigen Training ermüdet waren, und nach gerade mal 15 Minuten intensivem Training waren meine Waden schon sehr stark beansprucht. Nun stellte ich noch einen kleinen Hürdenparcours auf, mit welchem ich während den nächsten ca. 10 Minuten trainierte. Dabei wurde sowohl nach vorne wie auch auf beide Seiten gesprungen. Wie bei allen plyometrischen Übungen habe ich vor allem darauf grossen Wert gelegt, die Qualität zu gewährleisten und den Bodenkontakt so kurz wie möglich zu halten um darauf wieder so schnell wie möglich in die Luft zu schnellen. Auf den Trainingsabschnitt mit den Hürden folgten die Kastensprünge, mit welchen ich schon früher einige Erfahrung gemacht

hatte. Als Erhöhung für den Absprung stellte ich einen Schwedenkasten auf. Mit einem Abstand zum Schwedenkasten von etwa einem Meter stand dann ein Mattenwagen, wo ich landen sollte. Während den nächsten zehn Minuten sprang ich nun vom Schwedenkasten auf den Boden, um von dort schnellstmöglich wieder in die Höhe und auf den Mattenwagen zu gelangen. Als wichtige Erfahrung vermerkte ich, dass auch das Plyometrietraining kaum länger als Dreiviertelstunden durchgeführt werden kann, da danach die so wichtige Qualität in den Übungen verloren geht.

WOCHE 2

Durchgeführtes Training:

1. Einheit: Dienstag, 24.04.18: Teil 1

2. Einheit: Freitag, 27.04.18: Teil 1

3. Einheit: Sonntag, 29.04.18: Teil 2

Erlebnisse/Spezielles:

1.Einheit: Die zweite Woche des Programms hat begonnen und ich spürte noch immer die Müdigkeit in den Beinen. Trotzdem verlief das Training an den Geräten reibungslos.

2.Einheit: Aufgrund einiger Motivationsprobleme verschob ich das Training vom Donnerstag um einen Tag. Ich fühlte mich am Donnerstag nicht fähig, die Leistung, welche ich auch von mir selber erwarte, aufzubringen und beschloss, erst am Freitag wieder in den Kraftraum in Arlesheim zu gehen. Am Freitag hatte ich wieder Motivation getankt und fühlte neue Kraft in den Beinen. Das Training im Kraftraum war dementsprechend erfolgreich und ich konnte sogar die Gewichte aller Geräte um eine Einheit erhöhen.

3.Einheit: Wie beim letzten Mal begann ich das Training - natürlich nicht ohne die Beine ausführlich aufgewärmt zu haben. Danach machte ich die Übungen mit den Hürden. Anschliessend führte ich noch einige Kastensprünge mit dem Schwedenkasten aus. Nach fast einer Stunde intensivem Plyometrietraining konnte ich nun die Turnhalle verlassen. Ob Einbildung oder nicht, ich muss erwähnen, dass ich im Basketballtraining schon kleine Erfolge verzeichnen kann. Ich kann es eigentlich nur so beschreiben, dass ich nicht bemerkbar höher springe, aber dass mir das Springen allgemein leichter fällt und ich nicht so schnell ermüde.

WOCHE 3

Durchgeführtes Training:

1. Einheit: Dienstag, 01.05.18: Teil 1

2. Einheit: Donnertag, 03.05.18: Teil 1

3. Einheit: Sonntag, 06.05.18: Teil 2

Erlebnisse/Spezielles:

Da mittlerweile der ungefähre Ablauf klar sein sollte, wird in den folgenden Wochen allgemeiner dokumentiert. Die einzelnen Trainingseinheiten werden nicht mehr getrennt aufgeführt und beschrieben, sondern es wird eine Gesamtübersicht über die Woche erstellt.

Ich befinde mich nun in der letzten Woche, in der der Fokus noch auf Hyperthropie liegt und diese zweimal wöchentlich gefördert wird. Ich versuchte mich demzufolge auch noch einmal richtig für die beiden Krafttrainingseinheiten einzustellen und diese von den Gewichten her möglichst anspruchsvoll zu gestalten und konzentriert zu absolvieren. Beruhigenderweise habe ich noch keine Schmerzen durch die Kraftübungen gespürt. Ab nächster Woche beginnt die explosive Phase, worauf ich mich jetzt schon freue. Das Plyometrietraining in der Turnhalle macht mir deutlich mehr

Spass, und ich bin gespannt darauf, wie schnell sich merkliche Erfolge erkennbar machen.

WOCHE 4

Durchgeführtes Training:

Keines

Erlebnisse/Spezielles:

Diese Woche bedeutet lediglich eine Ruhepause für meine müden Beine, um die nächsten drei Wochen mit neuer Energie anzugehen.

WOCHE 5

Durchgeführtes Training:

1. Einheit: Dienstag, 15.05.18: Teil 2

2. Einheit: Donnertag, 17.05.18: Teil 1

3. Einheit: Sonntag, 20.05.18: Teil 2

Erlebnisse/Spezielles:

Das Training zahlt sich aus! Ich bemerke einen deutlichen Unterschied während des Basketballtrainings. Nicht nur das Springen an sich fällt mir viel leichter, sondern auch das Training allgemein. Ich denke durch das zusätzliche Training verbesserte sich auch meine Kondition.

WOCHE 6

Durchgeführtes Training:

Keines

Erlebnisse/Spezielles:

Der „worst case" ist eingetroffen! Als ich im Basketballtraining am Montag auf den Fuss eines Mitspielers getreten bin, der Fuss ein lautes Knackgeräusch von sich gab und ich unvermittelt und mit starken Schmerzen am linken Knöchel zu Boden sank. Ich brach das Training also ab, ging nach Hause und wartete den weiteren Verlauf ab.

Am nächsten Tag bin ich dann direkt zum Arzt, gegangen welcher meinen Fuss röntgen liess, um die Verletzung genau zu bestimmen. Nach dem Röntgen war klar, dass das mittlere Aussenband am Fuss angerissen ist. Die Folgen einer solchen Verletzung bedeuten mindestens vier Wochen keinen Sport. Und dann war für mich klar, dass ich das Training und den schlussendlichen Test nicht mehr durchführen werden kann.

WOCHE 7

Durchgeführtes Training:

Keines

Erlebnisse/Spezielles:

Leider ist es mir nicht mehr möglich das Training und den zweiten Test der Sprungkraft zu machen, jedoch mache ich Fortschritte, was die Verletzung angeht. Der Schmerz wird immer weniger und ich kann mittlerweile ohne Stöcke laufen.

7. Analyse

Verarbeitung der Daten und des Programms:

Aufgrund der Verletzung, war ich leider nicht im Stande sein die getane Arbeit zu prüfen und mit wissenschaftlichen Daten zu analysieren. Deswegen werde ich so gut es geht versuchen, die Veränderungen meiner Sprungkraft, anhand meines Spielverhaltens im Basketballtraining und den Spielen zu beschreiben. Auch möchte ich das gesamte Programm ein letztes Mal unter die Lupe nehmen und allfällige Verbesserungen und Bemerkungen anbringen.

7.1 Ergebnisse des Trainings

Obwohl ich leider keine wissenschaftlichen Fakten, zu den Ergebnissen meines Trainings aufzeigen kann, hat sich meine Sprungkraft und Explosivität doch spürbar verändert. Dies bemerkten auch meine Teamkameraden und mein Trainer. Auf Grund der Steigerung meiner Explosivität, habe ich auch einen stärkeren Einfluss auf das Spiel, da diese es deutlich erschwert mich zu verteidigen. Mein Defensivverhalten hat sich natürlich auch sehr verändert, denn durch die gewonnene Sprunghöhe fällt es mir leichter meine Gegenspieler zu blocken und nach einem missglückten Wurfversuch den Rebound zu holen. Ein anderer Aspekt, der sich deutlich veränderte ist meine Ausdauer, aufgrund des zusätzlichen Sprungkrafttrainings fiel mir das normale Basketballtraining auf Dauer viel leichter, was natürlich wieder meine Effektivität steigerte.

7.2 Analyse und Fazit des Trainingsprogramm

Mein Trainingsprogramm hat sich ganz allgemein als durchaus ertragssteigernd erwiesen. Einige Dinge stellten sich als besonders wichtig heraus, andere erwiesen sich als weniger günstig. Diese Korrekturen und Qualitäten möchte ich nun noch festhalten.

Beginnen möchte ich mit den Dingen, welche sehr essentiell für ein Sprungkrafttraining sind:

- Die Einteilung des Trainings in die 3 Teile Hypertrophie, Plyometrie und Beweglichkeit scheint mir nach wie vor notwendig und wichtig. Dies gibt dem Programm die notwendige Ausgewogenheit. Die Bedeutung der Beweglichkeit möchte ich hier noch einmal unterstreichen. Obwohl eher am Rande erwähnt, ist sie massgeblich am Erfolg des Programms beteiligt.
- Auch die einzelnen Übungsformen und der Aufbau des Trainingsprogramms sind breit genug ausgelegt. Das Trainingsprogramm an sich hat seine Effizienz bewiesen.

Nun sind noch die suboptimalen Dinge zu erwähnen, welche bei einer erneuten Durchführung verändert werden sollten:

- Grundsätzlich liegen die beiden Tests zu nahe beieinander. Ein Training über längere Zeit würde wahrscheinlich genauere und bessere Resultateliefern. Auch sollte den Muskeln mehr Zeit gegeben werden, sich zu entwickeln. Da das Training bei sehr intensiven Übungen erst nach spätestens 14 Tagen seine Wirkung entfalten kann, ist eine weitere Entspannungswoche vor dem zweiten Test zu empfehlen. Aufgrund des Zeitrahmens, in welchem ich die Selbständige Arbeit fertigstellen musste, war die nötige Zeit jedoch nicht vorhanden.
- Ein weiteres Problem war die zeitliche Positionierung des gesamten Programms. Nicht nur fand es inmitten der Basketballsaison statt, auch war während diesem Zeitraum die schulische Belastung (insbesondere durch die parallel durchgeführte schriftliche Reflexion und Bearbeitung der Theorie an dieser Arbeit) sehr hoch. Beides war zwar nicht vermeidbar, wirkte sich aber trotzdem negativ auf mein Programm aus. Bei einer Belastung durch Schule, Leistungssport und Sprungkrafttraining wurde ich extrem stark gefordert. Dies beeinflusste die Qualität der einzelnen Übungseinheiten, sodass ich meine Leistung nicht immer 100% erreichen konnte. Die Verlegung des Programms, z.B. auf die Sommerferien wäre sehr vorteilhaft gewesen.

8. Reflexion und Fazit

Hier findet meine Selbständige Arbeit ihren endgültigen Abschluss und es gilt ein Gesamtfazit zu ziehen.

Rückblickend wird mir bewusst, wie stark sich das ganze letzte halbe Jahr um diese Arbeit gedreht hat. Von dem Moment an, wo ich das Thema endgültig formuliert hatte, bis zum tragischen Ende des praktischen Teils durch die Verletzung, hat mich die SA erschreckend viel Zeit und Nerven gekostet, mir allerdings trotz des fehlenden zweiten Tests auch viele Erkenntnisse gebracht. Das Herangehen an eine Arbeit mit diesem Umfang war für mich eine neue Erfahrung und das ganze Projekt musste schon am Anfang sauber durchdacht werden. Ich bemerkte, wie wichtig es ist, ein Zeitraster aufzustellen und die ganze Arbeit zu planen. Auch war es anfangs nicht ganz einfach, mich in die teilweise sehr komplexe Thematik einzuarbeiten.

In sportlicher Hinsicht wurde mir einmal mehr bewusst, dass sehr viel erreicht werden kann, solange nur der Wille (in diesem Falle aber auch der Druck von aussen) vorhanden ist. Ich komme zugegebenermassen nicht darum, auch ein wenig Stolz auf meine Leistung zu sein. Nicht zuletzt auch aus dem Grund, dass ich den nicht unerheblichen Aufwand des praktischen Teils deutlich unterschätzt habe und mir dessen gewissenhafte Durchführung sehr viel Energie kostete. Interessant war es auch zu beobachten, wie sehr sich das Sprungkrafttraining als positiver Nebeneffekt stark auf meinen Antritt auswirkte und ich erkennbar schneller und spritziger wurde.

Auf die Leitfragen:

Wie sieht ein optimales Trainingsprogramm aus, welches als höchstes Ziel die Verbesserung der Sprungkraft hat? Wie sehen die Erfolge nach einer x-tägigen Absolvierung dieses Programms aus?

fand sich folgende Antwort:

Ein optimales Trainingsprogramm für die Sprungkraft sollte während mindestens 7 Wochen durchgeführt werden. Es sollte zudem aus den Komponenten

hypertrophisches Training, plyometrisches Training und Steigerung der Beweglichkeit bestehen. Wird dieses Training dreimal wöchentlich gewissenhaft durchgeführt, so kann die Höhe des Sprungs gesteigert werden. Das Training sollte in einer Zeit durchgeführt werden, wo die Belastung durch Schule bzw. Arbeit oder andere Einflüsse möglichst gering ist.

Somit sind die Kernaufgaben meiner Selbständigen Arbeit, nämlich ein gutes Trainingsprogramm für mich und Sportler mit ähnlichen Motivationen zusammenzustellen, erfüllt. Das Programm könnte also sowohl für Basketballspieler als auch für Trainer interessant sein. Mit dem Erreichten innerhalb der kurzen Zeit bin ich auf jeden Fall zufrieden, möchte allerdings noch weiter an meinen Fähigkeiten im Sprung arbeiten.

9. Anhang

9.1 QUELLENVERZEICHNIS

9.1.1 Fachliteratur

- Chris Clegg, Biology for the IB DIPLOMA, Hodder Education, London 2007
- Wolfgang Killing, Leistungsreserve Springen - Handbuch des Sprungkrafttrainings für alle Sportarten, Philippka-Sportverlag, Münster 2008
- Markus Tschopp, Manual Leistungsdiagnose Kraft, Swiss Olympic, Magglingen 2003
- Jürgen Weineck, Optimales Training - Leistungsphysiologische Trainingslehre unter besonderer Berücksichtigung des Kinder- und Jugendtrainings, Spitta Verlag, Ballingen 2002
- Michael Yessis, Explosive Basketball Training, Coaches Choice, Monterey 2003

9.1.2 Internet-Quellen

- Leistungskurs Sport, Muskelfasertypen.

  http://www.sportunterricht.de/lksport/fasertyp1.html
- Michael Jordan, Free-Throw Dunk. (24.01.2011)

  https://solecollector.com/news/2011/01/the-story-behind-michael-jordan-s-iconic-free-throw-dunk-photo
- Versuchsanleitung, Jump and Reach-Test

  http://spt0010a.sport.uni-oldenburg.de/PDF/SEMINARUNTERLAGENSPRUNGANLEITUNGEN.PDF
- Wikipedia, Anatomie. (26.03.2018)

  http://de.wikipedia.org/wiki/Anatomie
- Wikipedia, Protein. (03.06.2018)

http://de.wikipedia.org/wiki/Protein

➤ Wikipedia, Springen (02.12.2017)

http://de.wikipedia.org/wiki/Springen

9.1.3 Abbildungsverzeichnis

9.2 Arbeitsjournal

Datum	Dauer in Minuten	Ausgeführte Arbeit / bearbeitete Themen /wichtigste Ergebnisse	Nachdenken über die eigene Tätigkeit	Nächste Schritte?
7. September	60	Erstes Treffen mit Herrn L., Themabesprechung für das Grobkonzept	Thema Wahl	Ausfüllen des Grobkonzepts
10. Oktober	120	Ausfüllen des Grobkonzepts	erste Gedanken zur Bearbeitung der SA	Besprechung des Grobkonzept mit Herrn L.
20. Oktober	120	Besprechung des Grobkonzepts mit Herrn L.	Grobkonzept muss überarbeitet werden	Überarbeitung des Grokonzeptes
25. Oktober	150	Überarbeitung des Grobkonzeptes	Bearbeitung des Grobkonzepts	Letztes Treffen mit Herrn L. um das Grobkonzept zu Besprechen
10. November	60	Letze Besprechung des Grobkonzepts		Grobkonzept abgeben

12. Dezember	60	Erste Standortbestimmung, Besprechung des Zeitplans	Gedanken machen zum Zeitplan der SA	Kreieren eines provisorischen Trainingsplans
17. Dezember	180	Kreieren eines provisorischen Trainingsplans	Gedanken zum Inhaltsverzeichnis der SA	Besprechung der getanen Arbeit mit Herrn A.
21. Dezember	60	Besprechung der getanen Arbeit mit Herrn A.	Verbesserung nach Ratschlägen von Herrn A.	Überarbeitung des Trainingsplans
9. Januar	120	Überarbeitung des Trainingsplans	Gedanken zu der Länge und Intensität des Trainingsplans	Zweite Standortbestimmung mit Herrn A.
11.Januar	60	Zweite Standortbestimmung mit Herrn A.	Recherche machen für einen Geeigneten Test der Sprungkraft	Zeitplan erstellen für die Freistellungswoche
29. Januar	120	Besprechung des Arbeitsplans für die Freistellung mit Herrn A.	Gedanken machen zum genauen Ablauf des Trainings	Arbeiten an der Theorie des Springens
7-9. Februar	300	Arbeiten an der Theorie des Springes		Überprüfung der Grammatik und des Inhalts der Theorie
27. Februar	120	MZU Vorwort und Einleitung geschrieben	Überdenken des Vorworts und der Einleitung	Überprüfung der Grammatik im Vortwort und in der Einleitung

6. März	120	MZU Erklären der Formatierung durch Herrn Schwander		Das Organisieren eines Schlüssels für den Fitnessraum in Arlesheim
9. April	120	Besprechung zum Start des Trainingsplans	Gedanken machen zu den Gewichten des Trainingsplans	Ausschreiben des Kapitels: Vorgehen & Methoden
12. April	180	Ausschreiben des Kaptiels: Vorgehen & Methoden	Mentale Vorbereitung für den Trainingsplan	Beginn der ersten Woche des Trainingsplans
17./ 19./ 22. April	180	Durchführen des Trainingsprogramms und schreiben des Trainingsjournals		Zweite Woche des Trainings
24./ 27./ 29. April	180	Durchführen des Trainingsprogramms und schreiben des Trainingsjournals		Dritte Woche des Trainings
1./ 3./ 6. Mai	180	Durchführen des Trainingsprogramms und schreiben des Trainingsjournals		Vierte Woche (Erholungsphase) des Trainings
15./ 17./ 20. Mai	180	Durchführen des Trainingsprogramms und schreiben des Trainingsjournals		Fünfte Woche des Trainings

22. Mai	135	Korrigieren der SA	Vorfreude für das baldige Abgabe der SA	Besprechung mit Herrn A.
23. Mai	60	Besprechung mit Herrn A. zur Weiterführung des Trainingsplans durch		Vorzeitiges Ende des Trainings durch Verletzung und arbeiten der der
29. Mai	135	Gestalten des Titelbilds, des Inhaltsverzeichnis und der Formatierung	Vorfreude für das baldige Abgabe der SA	Fertigstellung der SA
11. – 16. Juni	360	Fertigstellung der SA		Drucken und binden der SA
17. Juni	40	Drucken und binden der SA	Endlich fertig mit der SA	

9.3 Grobkonzept SA FMS Muttenz Robin Meyer

Name, Vorname: **Meyer, Robin**	
Klasse: **F2b**	Berufsfeld: **Pädagogik**
Arbeitstitel: **Die Erstellung eines Trainingsprogrammes, zur Verbesserung meiner Sprungkraft**	
Betreuungsperson Kurzpraktikum: **Herr L.**	
Gewünschte Betreuungsperson(en) SA: **Herr M.**	
Bestätigung Lehrperson (bitte leer lassen):	

1. Thema Provisorische Themenumschreibung: **Kann ich als Basketballspieler, ausserhalb des Trainings einen eigenen Trainingsplan zur persönlich und sportlichen Entwicklung erstellen und umsetzen. Und weil ich mit gewissen persönlichen Aspekten, die wir im Training nicht bearbeiten, nicht zufrieden bin versuche ich diese mit einem selbst geplanten und ausgearbeiteten Plan zu verbessern.** Was interessiert mich daran? Warum? **Da ich ja selber leidenschaftlich Basketball spiele und die Sprungkraft in diesem Sport eine wichtige Rolle einnimmt, habe ich mich gefragt ob ich diese durch selber angeeignetes Wissen verbessern könnte.**
2. Fragestellung und Thesen Folgende Fragen beschäftigen mich (formulieren Sie klare und kurze Sätze, für jede Frage ein vollständiger Satz): **Ist es mir möglich mit meinem Vorwissen im Bereich Krafttraining, dem Internet und meinem Trainer, welcher Fitnesstrainer ist und Sport studiert, in kurzer Zeit meinen eigenen Trainingsplan zur Verbesserung meiner Sprungkraft zu erstellen?** Meine aus den Teilfragen abgeleitete, zentrale Leitfrage für die ganze SA könnte wie folgt lauten (ein Satz, als Frage formuliert):

Ist es mir, als Basketballspieler, möglich einen eigenen Trainingsplan zur Verbesserung der Sprungkraft zu erstellen und richtig auszuwerten.

Ich habe Vermutungen zu meiner Leitfrage. Diese Vermutungen formuliere ich in Form von Thesen (=Behauptungen, welche im Verlauf der SA-Recherche bestätigt oder verworfen und diskutiert werden können):

Ich denke, dass der schwerere Teil der Arbeit für mich der Theorie Teil sein wird, da ich immer gern Sport mache jedoch weniger gerne an Theoretischen Aktivitäten teilnehme.

3. Fachliche Einarbeitung
Was weiss ich bereits über das Thema? In welchen Bereichen sollte ich mehr wissen?

Ich kenne viele Übungen zur Verbesserung der Sprungkraft durch eigene Erfahrungen und durch Vorschläge eines Fitnesstrainers.

Ich sollte noch mehr wissen über die Auswertung des Experimentes und die theoretische Verarbeitung der Arbeit.

Gelesene Bücher / Literatur / Internet:

Persönliche Erfahrungen:
Ich spiele selber Basketball und vor einem Jahr regelmässig ins Fitnesstraining gegangen.

Bücher/Texte, die ich noch lesen werde:

Fachpersonen, mit denen ich über das Thema gesprochen habe oder noch sprechen werde:
Ich habe schon mit meinem Basketballtrainer geredet, der Fitnesstrainer ist und nebenbei noch Sport studiert.

4. Eigenanteil
Worin soll der eigene Untersuchungsteil (Eigenanteil der SA) bestehen?
Im praktischen Teil meiner Arbeit werde ich meinen Trainingsplan durchführen und zum Schluss auswerten. Mit Hilfe einer Kamera werde ich dann Überprüfen ob sich meine Sprungkraft verbessert hat. Und im Falle, dass das nicht passieren wird, wird meine Aufgabe sein herauszufinden wieso.

Mit welchen Methoden will ich meinen Eigenanteil umsetzen (möglichst konkret, z.B. mit Namen von Interviewpartnern, Ort der Umfrage, Anzahl Probanden o.ä.)?
Ich werde Versuchen den von mir erstellten Trainingsplan an einer anderen Testperson als mir zu überprüfen und mit meinem Trainer auswerten.